Dr. Oetker

# Backhits der 60er

Retro Backen

Dr. Oetker

# Backhits der 60er

## Retro Backen

Dr. Oetker Verlag

# Vorwort

Früher war vieles anders, nicht nur Design,
Mode und Musik, sondern auch das Gebäck.
Gehen Sie mit uns auf eine Zeitreise in die 60er
und entdecken Sie kultige Backideen neu.

Mandelhörnchen, Kalter Hund, Eisenbahnschienen,
Mandarinenomeletts und Rumkugeln schmecken besonders
den Jungen und Junggebliebenen.

Alle Original-Rezepte sind von Dr. Oetker wie immer nachgebacken,
überarbeitet und so beschrieben, dass sie Ihnen garantiert gelingen.

So werden Anfänger und Könner ihre Freude an den bewährten
und leckeren über 30 Rezepten haben.

## Abkürzungen

| | | |
|---|---|---|
| EL | = | Esslöffel |
| TL | = | Teelöffel |
| Msp. | = | Messerspitze |
| Pck. | = | Packung/Päckchen |
| g | = | Gramm |
| kg | = | Kilogramm |
| ml | = | Milliliter |
| l | = | Liter |
| Min. | = | Minuten |
| Std. | = | Stunden |
| evtl. | = | eventuell |
| geh. | = | gehäuft |
| gestr. | = | gestrichen |
| TK | = | Tiefkühlprodukt |
| °C | = | Grad Celsius |
| Ø | = | Durchmesser |

## Hinweise zu den Rezepten

Lesen Sie bitte vor der Zubereitung – besser noch vor dem Einkaufen – das Rezept einmal vollständig durch. Oft werden Arbeitsabläufe oder -zusammenhänge dann klarer.

Die in den Rezepten angegebenen Backtemperaturen und -zeiten sind Richtwerte, die je nach individueller Hitzeleistung des Backofens über- oder unterschritten werden können. Bitte beachten Sie deshalb bei der Einstellung des Backofens die Gebrauchsanweisung des Herstellers und machen Sie nach Beendigung der Backzeit eine Garprobe.

# Apfelkuchen mit Streuseln

## Zutaten:

Für den Knetteig:

| | |
|---|---|
| 150 g | Weizenmehl |
| 1 Msp. | Backpulver |
| 100 g | Zucker |
| 1 Pck. | Vanillin-Zucker |
| 1 Prise | Salz |
| 1 | Ei (Größe M) |
| 100 g | Butter oder Margarine |

Für die Füllung:

| | |
|---|---|
| etwa 1 1/2 kg | Äpfel |
| 75 g | Butter oder Margarine |
| 75 g | Zucker |
| 1 Msp. | gemahlener Zimt |

Für die Streusel:

| | |
|---|---|
| 150 g | Weizenmehl |
| 100 g | Zucker |
| 1 Pck. | Vanillin-Zucker |
| 100 g | Butter |

Zubereitungszeit: 45 Minuten, ohne Abkühlzeit

**1.** Für den Teig Mehl mit Backpulver mischen und in eine Rührschüssel sieben. Zucker, Vanillin-Zucker, Salz, Ei und Butter oder Margarine hinzufügen. Die Zutaten mit Handrührgerät mit Knethaken zunächst kurz auf niedrigster, dann auf höchster Stufe gut durcharbeiten.

**2.** Anschließend auf einer bemehlten Arbeitsfläche zu einem glatten Teig verkneten. Sollte er kleben, ihn in Folie gewickelt eine Zeit lang kalt stellen.

**3.** Gut zwei Drittel des Teiges auf dem Boden einer Springform (Ø 28 cm, Boden gefettet) ausrollen. Den Teigboden mehrmals mit der Gabel einstechen, einen Springformrand darumstellen. Die Form auf dem Rost in den Backofen schieben und den Boden vorbacken.

Ober-/Unterhitze:
etwa 180 °C (vorgeheizt)
Heißluft: etwa 160 °C (vorgeheizt)
Gas: Stufe 2–3 (vorgeheizt)
Backzeit: 10–12 Minuten.

**4.** Die Form auf einen Kuchenrost stellen. Den Boden abkühlen lassen. Restlichen Teig zu einer Rolle formen, sie als Rand auf den vorgebackenen Boden legen und so an die Form drücken, dass ein etwa 2 cm hoher Rand entsteht.

**5.** Für die Füllung Äpfel schälen, vierteln, entkernen und in kleine Stücke schneiden. Butter oder Margarine in einem Topf zerlassen. Apfelstücke, Zucker und Zimt hinzugeben, unter Rühren leicht dünsten, etwas abkühlen lassen. Apfelstücke auf dem vorgebackenen Boden verteilen.

**6.** Für die Streusel Mehl in eine Rührschüssel sieben. Zucker, Vanillin-Zucker und Butter hinzufügen. Die Zutaten mit Handrührgerät mit Rührbesen zunächst kurz auf niedrigster, dann auf höchster Stufe zu Streuseln von gewünschter Größe verarbeiten.

**7.** Die Teigstreusel auf den Apfelstücken verteilen. Die Form auf dem Rost in den Backofen schieben und den Kuchen fertig backen.

Ober-/Unterhitze:
etwa 200 °C (vorgeheizt)
Heißluft: etwa 180 °C (vorgeheizt)
Gas: Stufe 3–4 (vorgeheizt)
Backzeit: etwa 40 Minuten.

**8.** Den Kuchen etwa 10 Minuten in der Form stehen lassen, dann aus der Form lösen und auf einem Kuchenrost erkalten lassen.

# Ananas-Marzipan-Kuchen

## Zutaten:

Zum Vorbereiten:

| | |
|---|---|
| 200 g | Marzipan-Rohmasse |
| 3 | Ananasscheiben (etwa 200 g) aus der Dose |

Für den Rührteig:

| | |
|---|---|
| 175 g | Butter oder Margarine |
| 175 g | Zucker |
| 1 Pck. | Vanillin-Zucker |
| 1 Prise | Salz |
| 3 | Eier (Größe M) |
| 300 g | Weizenmehl |
| 2 gestr. TL | Backpulver |

Für den Guss:

| | |
|---|---|
| 1 Tafel (100 g) | Zartbitterschokolade |
| 25 g | Kokosfett |

Zubereitungszeit: 40 Minuten, ohne Abkühlzeit

## Tipp:

Der Kuchen lässt sich sehr gut einfrieren, dann eingepackt auftauen lassen. Den Guss statt mit Kokosfett mit 1–2 Esslöffeln Speiseöl zubereiten, der Kuchen lässt sich dann besser schneiden.

1. Zum Vorbereiten Marzipan in kleine Stücke schneiden. Ananasscheiben in einem Sieb gut abtropfen lassen und in kleine Würfel schneiden.

2. Für den Teig Marzipanstücke in einer Rührschüssel mit Handrührgerät mit Rührbesen gut verrühren. Butter oder Margarine hinzufügen und zu einer geschmeidigen Masse verrühren. Nach und nach Zucker, Vanillin-Zucker und Salz unterrühren. So lange rühren, bis eine gebundene Masse entstanden ist.

3. Eier nach und nach unterrühren (jedes Ei etwa 1/2 Minute). Mehl mit Backpulver mischen, sieben und in 2 Portionen auf mittlerer Stufe unterrühren. Ananaswürfel unterheben.

4. Den Teig in eine Kastenform (30 x 11 cm, gefettet, mit Backpapier ausgelegt) geben und glatt streichen. Die Form auf dem Rost in den Backofen schieben.

Ober-/Unterhitze:
etwa 180 °C (vorgeheizt)
Heißluft: etwa 160 °C
(nicht vorgeheizt)
Gas: Stufe 2–3 (nicht vorgeheizt)
Backzeit: etwa 70 Minuten.

5. Den Kuchen etwa 10 Minuten in der Form stehen lassen, dann aus der Form lösen, mit dem Backpapier auf einen Kuchenrost ziehen. Mitgebackenes Backpapier abziehen. Kuchen sofort wieder umdrehen und erkalten lassen.

6. Für den Guss Schokolade in Stücke brechen, mit Kokosfett in einem kleinen Topf im Wasserbad bei schwacher Hitze schmelzen. Den Kuchen mit der Schokolade überziehen. Guss fest werden lassen.

# Kalter Hund (Titelrezept)

## Zutaten:

| | |
|---|---|
| 250 g | Kokosfett |
| 125 g | gesiebter Puderzucker oder feinkörniger Zucker |
| 1 Pck. | Vanillin-Zucker |
| 50 g | gesiebtes Kakaopulver |
| 1/2 Fläschchen | Rum-Aroma |
| 2 | Eier (Größe M) |
| | |
| 250–300 g | rechteckige Butterkekse |

Zubereitungszeit: 30 Minuten, ohne Kühlzeit

## Tipp:

Nur ganz frische Eier verwenden, die nicht älter als 5 Tage sind (Legedatum beachten!).

1. Kokosfett in einem Topf zerlassen und abkühlen lassen.

2. Puderzucker oder Zucker mit Vanillin-Zucker und Kakao mischen und in eine Rührschüssel geben. Aroma hinzufügen.

3. Nach und nach Eier und das lauwarme Kokosfett mit Handrührgerät mit Rührbesen auf mittlerer Stufe unterrühren.

4. Die Butterkekse lagenweise abwechselnd mit der Kakaomasse in eine Kastenform (etwa 20 x 11 cm, mit Pergamentpapier ausgelegt) geben. Die unterste Schicht soll aus der Kakaomasse, die oberste Schicht aus Keksen bestehen.

5. Den Kekskuchen mehrere Stunden, am besten über Nacht kalt stellen. Den Kekskuchen aus der Form auf eine Platte stürzen, Pergamentpapier abziehen. Kekskuchen in dickere Scheiben schneiden.

# Bunter Obstkuchen

## Zutaten:

Für den Rührteig:

| | |
|---|---|
| 100 g | Butter oder Margarine |
| 100 g | Zucker |
| 1 Pck. | Vanillin-Zucker |
| 1 Prise | Salz |
| 2 Eier | (Größe M) |
| 100 g | Weizenmehl |
| 1 Msp. | Backpulver |

Für den Belag:

| | |
|---|---|
| 1 Dose | Aprikosenhälften (Abtropfgewicht 330 g) |
| etwa 20 | grüne Weintrauben |
| 15–20 | Kaiserkirschen (aus dem Glas) |
| 1 | Banane |
| etwas | Zitronensaft |
| | |
| 1 Pck. | Pudding-Pulver Vanille-Geschmack |
| 40 g | Zucker |
| 500 ml (1/2 l) | Milch |

Für den Guss:

| | |
|---|---|
| 1 Pck. | Tortenguss, klar |
| 250 ml (1/4 l) | Aprikosensaft (aus der Dose) |
| | evtl. etwas Zucker |

Zubereitungszeit: 30 Minuten, ohne Abkühlzeit

## Tipp:

Für den Belag kann beliebiges Obst verwendet werden, z. B. Stachelbeeren, Sauerkirschen oder Pfirsiche.

**1.** Für den Teig Butter oder Margarine mit Handrührgerät mit Rührbesen auf höchster Stufe geschmeidig rühren. Nach und nach Zucker, Vanillin-Zucker und Salz unterrühren. So lange rühren, bis eine gebundene Masse entstanden ist.

**2.** Eier nach und nach unterrühren (jedes Ei etwa 1/2 Minute). Mehl mit Backpulver mischen, sieben und in 2 Portionen auf mittlerer Stufe unterrühren.

**3.** Den Teig in eine Obstbodenform (Ø 28 cm, gefettet) geben und glatt streichen. Die Form auf dem Rost in den Backofen schieben.

Ober-/Unterhitze:
etwa 180 °C (vorgeheizt)
Heißluft: etwa 160 °C (vorgeheizt)
Gas: Stufe 2–3 (vorgeheizt)
Backzeit: 20–25 Minuten.

**4.** Den Boden aus der Form lösen und auf einen mit Backpapier belegten Kuchenrost stürzen. Tortenboden erkalten lassen und auf eine Tortenplatte legen.

**5.** Für den Belag Aprikosenhälften in einem Sieb abtropfen lassen, den Saft dabei auffangen und 250 ml (1/4 l) davon abmessen, evtl. mit Wasser auffüllen. Weintrauben waschen, trockentupfen und entstielen. Kirschen in einem Sieb abtropfen lassen. Banane schälen und in Scheiben schneiden. Bananenscheiben mit Zitronensaft beträufeln.

**6.** Einen Pudding aus Pudding-Pulver, Zucker und Milch nach Packungsanleitung zubereiten und auf dem Tortenboden verteilen. Vorbereitetes Obst kreisförmig darauf verteilen.

**7.** Für den Guss aus Tortengusspulver und Saft nach Packungsanleitung einen Guss zubereiten, evtl. mit Zucker abschmecken. Den Guss von der Mitte aus auf dem Obst verteilen. Guss fest werden lassen.

# Marmorkuchen

## Zutaten:

Für den Rührteig:

| | |
|---|---|
| 300 g | Butter oder Margarine |
| 275 g | Zucker |
| 1 Pck. | Vanillin-Zucker |
| 1 Fläschchen | Rum-Aroma |
| 1 Prise | Salz |
| 5 | Eier (Größe M) |
| 375 g | Weizenmehl |
| 4 gestr. TL | Backpulver |
| etwa 3 EL | Milch |
| | |
| 20 g | gesiebtes Kakaopulver |
| 20 g | Zucker |
| 2–3 EL | Milch |

Zum Bestäuben:

Puderzucker

Zubereitungszeit: 30 Minuten, ohne Abkühlzeit

## Tipp:

Marmorkuchen lässt sich sehr gut einfrieren.
Der Kuchen hält sich in einem gut schließenden Gefäß etwa 10 Tage frisch.

**1.** Für den Teig Butter oder Margarine mit Handrührgerät mit Rührbesen auf höchster Stufe geschmeidig rühren. Nach und nach Zucker, Vanillin-Zucker, Aroma und Salz unterrühren. So lange rühren, bis eine gebundene Masse entstanden ist.

**2.** Eier nach und nach unterrühren (jedes Ei etwa 1/2 Minute). Mehl mit Backpulver mischen, sieben und in 2 Portionen mit der Milch auf mittlerer Stufe unterrühren (nur so viel Milch verwenden, dass der Teig schwer reißend vom Löffel fällt).

**3.** Zwei Drittel des Teiges in eine Gugelhupfform (Ø 22–24 cm, gefettet) geben. Kakao, Zucker und Milch unter den restlichen Teig rühren, so dass er wieder schwer reißend vom Löffel fällt.

**4.** Den dunklen auf dem hellen Teig verteilen, eine Gabel spiralförmig durch die Teigschichten ziehen, damit ein Marmormuster entsteht. Die Form auf dem Rost in den Backofen schieben.

Ober-/Unterhitze:
etwa 180 °C (vorgeheizt)
Heißluft: etwa 160 °C
(nicht vorgeheizt)
Gas: Stufe 2–3 (nicht vorgeheizt)
Backzeit: 50–65 Minuten.

**5.** Den Kuchen etwa 10 Minuten in der Form stehen lassen, dann aus der Form lösen und auf einen Kuchenrost stürzen. Kuchen erkalten lassen und mit Puderzucker bestäuben.

# Gedeckter Apfelkuchen

## Zutaten:

Für den Knetteig:

| | |
|---|---|
| 350 g | Weizenmehl |
| 1 gestr. TL | Backpulver |
| 150 g | Zucker |
| 1 Prise | Salz |
| | abgeriebene Schale von 1 Zitrone (unbehandelt, ungewachst) |
| 2 | Eier (Größe M) |
| 150 g | Butter oder Margarine |

Für die Füllung:

| | |
|---|---|
| 1 1/2 kg | Äpfel |
| 50 g | Zucker |
| 2 EL | Rum |
| 1 TL | Vanillin-Zucker |
| 100 g | Rosinen |

Zubereitungszeit: 70 Minuten, ohne Abkühlzeit

**1.** Für den Teig Mehl mit Backpulver mischen, in eine Rührschüssel sieben. Zucker, Salz, Zitronenschale, Eier und Butter oder Margarine hinzufügen. Die Zutaten mit Handrührgerät mit Knethaken zunächst kurz auf niedrigster, dann auf höchster Stufe gut durcharbeiten.

**2.** Anschließend auf einer bemehlten Arbeitsfläche zu einem glatten Teig verkneten. Sollte er kleben, ihn in Folie gewickelt eine Zeit lang kalt stellen.

**3.** Die Hälfte des Teiges auf dem Boden einer Springform (Ø 26 cm, Boden gefettet) ausrollen. Teig mehrmals mit einer Gabel einstechen. Den Springformboden ohne Springformrand auf dem Rost in den Backofen schieben und den Boden vorbacken.

Ober-/Unterhitze:
etwa 180 °C (vorgeheizt)
Heißluft: etwa 160 °C (vorgeheizt)
Gas: Stufe 2–3 (vorgeheizt)
Backzeit: etwa 30 Minuten.

**4.** Den Springformboden auf einen Kuchenrost stellen, Boden abkühlen lassen und den Springformrand darumstellen.

**5.** Für die Füllung Äpfel schälen, vierteln, entkernen und in Stücke schneiden. Zucker, Rum und Vanillin-Zucker untermengen. Die Apfelmischung in einem Topf unter Rühren etwa 5 Minuten leicht dünsten, Rosinen unterrühren. Apfelmasse leicht abkühlen lassen.

**6.** Zwei Drittel des restlichen Teiges auf einer bemehlten Arbeitsfläche zu einer runden Platte (Ø etwa 26 cm) ausrollen. Restlichen Teig zu einer Rolle formen, sie so an die Form drücken, dass ein etwa 3 cm hoher Rand entsteht. Die Apfelmasse auf dem Teigboden verteilen. Die Teigplatte darauf legen und mehrmals mit einer Gabel einstechen. Die Form auf dem Rost in den Backofen schieben.

Ober-/Unterhitze:
160–180 °C (vorgeheizt)
Heißluft: 140–160 °C
(nicht vorgeheizt)
Gas: Stufe 2–3 (nicht vorgeheizt)
Backzeit: etwa 70 Minuten.

**7.** Den Kuchen etwa 10 Minuten in der Form stehen lassen, dann aus der Form lösen und auf einem Kuchenrost erkalten lassen.

### Tipp:

Sehr gut schmeckt der Kuchen auch mit einer Kirschfüllung. Dafür 2 Gläser Sauerkirschen (Abtropfgewicht je 370 g) abtropfen lassen, 500 ml (1/2 l) Saft abmessen, zum Kochen bringen, mit 40 g angerührter Speisestärke andicken. Sauerkirschen unterheben und auf dem Teigboden verteilen.

# Orangentorte

## Zutaten:

Für den Biskuitteig:

| | |
|---|---|
| 3 | Eier (Größe M) |
| 3 EL | heißes Wasser |
| 150 g | Zucker |
| 1 Pck. | Vanillin-Zucker |
| 100 g | Weizenmehl |
| 75 g | Speisestärke |
| 20 g | Kakaopulver |
| 3 gestr. TL | Backpulver |

Für die Füllung:

| | |
|---|---|
| 750 ml (3/4 l) | Schlagsahne |
| 50 g | gesiebter Puderzucker |
| 3 Pck. | Sahnesteif |
| 6 EL | Orangensaft |
| | etwas abgeriebene Schale von 1 Orange (unbehandelt, ungewachst) |
| etwa 2 EL | Orangenmarmelade zum Bestreichen |
| einige | Orangenscheiben |

Zubereitungszeit: 50 Minuten, ohne Abkühlzeit

## Tipp:

Die Torte kann ohne die Orangenscheiben eingefroren werden.

**1.** Für den Teig Eier und Wasser mit Handrührgerät mit Rührbesen auf höchster Stufe in 1 Minute schaumig schlagen. Zucker und Vanillin-Zucker mischen, in 1 Minute einstreuen, dann noch etwa 2 Minuten schlagen.

**2.** Mehl mit Speisestärke, Kakao und Backpulver mischen, die Hälfte davon auf die Eiercreme sieben, kurz auf niedrigster Stufe unterrühren. Restliches Mehlgemisch auf die gleiche Weise unterarbeiten. Den Teig in eine Springform (Ø 26 cm, Boden gefettet, mit Backpapier belegt) geben und glatt streichen. Die Form auf dem Rost in den Backofen schieben.

Ober-/Unterhitze:
etwa 180 °C (vorgeheizt)
Heißluft: etwa 160 °C (vorgeheizt)
Gas: Stufe 2–3 (vorgeheizt)
Backzeit: 25–35 Minuten.

**3.** Den Biskuitboden aus der Form lösen, auf einen mit Backpapier belegten Kuchenrost stürzen, mitgebackenes Backpapier abziehen. Biskuitboden erkalten lassen und zweimal waagerecht durchschneiden.

**4.** Für die Füllung Sahne mit Puderzucker und Sahnesteif in 2 Portionen steif schlagen, Orangensaft und -schale unterschlagen.

**5.** Den unteren Biskuitboden auf eine Tortenplatte legen und mit Marmelade bestreichen. Ein Drittel der Orangensahne darauf verteilen und mit dem mittleren Biskuitboden belegen. Wieder ein Drittel der Orangensahne darauf geben und glatt streichen. Den oberen Biskuitboden darauf legen und leicht andrücken. Tortenoberfläche und -rand mit der restlichen Orangensahne (etwas Orangensahne in einen Spritzbeutel mit Sterntülle füllen) bestreichen.

**6.** Tortenoberfläche mit der Sahne aus dem Spritzbeutel verzieren und mit geviertelten Orangenscheiben garnieren.

# Frankfurter Kranz

## Zutaten:

Für den Rührteig:

| | |
|---|---|
| 100 g | Butter oder Margarine |
| 150 g | Zucker |
| 1 Pck. | Vanillin-Zucker |
| 1 Prise | Salz |
| 4 Tropfen | Zitronen-Aroma oder |
| 1/2 Fläschchen | Rum-Aroma |
| 3 | Eier (Größe M) |
| 150 g | Weizenmehl |
| 50 g | Speisestärke |
| 2 gestr. TL | Backpulver |

Für die Buttercreme:

| | |
|---|---|
| 1 Pck. | Pudding-Pulver Vanille-Geschmack |
| 100 g | Zucker |
| 500 ml (1/2 l) | Milch |
| 250 g | weiche Butter |

Für den Krokant:

| | |
|---|---|
| 10 g | Butter |
| 60 g | Zucker |
| 125 g | abgezogene, gehackte Mandeln |
| etwas | rote Konfitüre zum Bestreichen |
| einige | Belegkirschen zum Garnieren |

Zubereitungszeit: 90 Minuten, ohne Abkühlzeit

## Tipp:

Den Frankfurter Kranz am besten einen Tag vor dem Verzehr mit der Buttercreme füllen, er schmeckt durchgezogen am besten.

**1.** Für den Teig Butter oder Margarine mit Handrührgerät mit Rührbesen auf höchster Stufe geschmeidig rühren. Nach und nach Zucker, Vanillin-Zucker, Salz und Aroma unterrühren. So lange rühren, bis eine gebundene Masse entstanden ist.

**2.** Eier nach und nach unterrühren (jedes Ei etwa 1/2 Minute). Mehl mit Speisestärke und Backpulver mischen, sieben und in 2 Portionen auf mittlerer Stufe unterrühren.

**3.** Den Teig in eine Kranzform (Ø 22 cm, gefettet) geben, glatt streichen. Die Form auf dem Rost in den Backofen schieben.

Ober-/Unterhitze:
etwa 180 °C (vorgeheizt)
Heißluft: etwa 160 °C
(nicht vorgeheizt)
Gas: Stufe 2–3 (nicht vorgeheizt)
Backzeit: 35–45 Minuten.

**4.** Den Gebäckkranz etwa 10 Minuten in der Form stehen lassen, aus der Form lösen und auf einen Kuchenrost stürzen. Gebäckkranz erkalten lassen.

**5.** Für die Buttercreme aus Pudding-Pulver, Zucker und Milch nach Packungsanleitung einen Pudding zubereiten. Pudding erkalten lassen, dabei ab und zu umrühren.

**6.** Butter mit Handrührgerät mit Rührbesen geschmeidig rühren, Pudding esslöffelweise unterrühren (darauf achten, dass Butter und Pudding Zimmertemperatur haben, da die Creme sonst gerinnt).

**7.** Für den Krokant Butter in einem kleinen Topf zerlassen, Zucker und Mandeln unter Rühren darin bräunen. Krokant auf ein Stück Alufolie geben und erkalten lassen.

**8.** Den Gebäckkranz zweimal waagerecht durchschneiden. Die untere Gebäcklage mit Konfitüre bestreichen. Die 3 Gebäcklagen mit zwei Drittel der Buttercreme zu einem Kranz zusammensetzen. Den Kranz mit der restlichen Buttercreme (etwas Buttercreme in einen Spritzbeutel mit Sterntülle füllen) bestreichen und mit dem Krokant bestreuen.

**9.** Den Kranz mit der Buttercreme verzieren und mit Belegkirschen garnieren.

# Käsetorte mit Streuseln

## Zutaten:

Für den Knetteig:

| | |
|---|---|
| 150 g | Weizenmehl |
| 1/2 gestr. TL | Backpulver |
| 75 g | Zucker |
| 1 Pck. | Vanillin-Zucker |
| 1 | Ei (Größe M) |
| 75 g | Butter oder Margarine |
| | |
| 1 EL | Weizenmehl für den Rand |

Für den Belag:

| | |
|---|---|
| 750 g | Magerquark |
| 150 g | Zucker |
| 3 EL | Zitronensaft |
| 50 g | gesiebte Speisestärke |
| 3 | Eigelb (Größe M) |
| 3 | Eiweiß (Größe M) |
| 250 ml (1/4 l) | Schlagsahne |

Für die Streusel:

| | |
|---|---|
| 100 g | Weizenmehl |
| 75 g | Zucker |
| 1 Pck. | Vanillin-Zucker |
| 75 g | Butter oder Margarine |

Zubereitungszeit: 45 Minuten, ohne Abkühlzeit

**1.** Für den Teig Mehl mit Backpulver mischen und in eine Rührschüssel sieben. Zucker, Vanillin-Zucker, Ei und Butter oder Margarine hinzufügen. Die Zutaten mit Handrührgerät mit Knethaken zunächst kurz auf niedrigster, dann auf höchster Stufe gut durcharbeiten.

**2.** Anschließend auf einer bemehlten Arbeitsfläche zu einem glatten Teig verkneten. Sollte er kleben, ihn in Folie gewickelt eine Zeit lang kalt stellen.

**3.** Zwei Drittel des Teiges auf dem Boden einer Springform (Ø 28 cm, Boden gefettet) ausrollen, Teig mehrmals mit einer Gabel einstechen, Springformrand darumlegen. Form auf dem Rost in den Backofen schieben und den Boden vorbacken.

Ober-/Unterhitze: etwa 200 °C (vorgeheizt)
Heißluft: etwa 180 °C (vorgeheizt)
Gas: Stufe 3–4 (vorgeheizt)
Backzeit: etwa 12 Minuten.

**4.** Die Form auf einen Kuchenrost stellen, Boden etwas abkühlen lassen.

**5.** Restlichen Teig mit 1 Esslöffel Mehl verkneten und zu einer Rolle formen, sie als Rand auf den Boden legen und so an die Form drücken, dass ein etwa 3 cm hoher Rand entsteht.

**6.** Für den Belag Quark mit Zucker, Zitronensaft, Speisestärke und Eigelb geschmeidig rühren. Eiweiß und Sahne getrennt steif schlagen und vorsichtig unter die Quarkmasse heben. Die Quark-Sahne-Masse auf dem vorgebackenen Gebäckboden verteilen.

**7.** Für die Streusel Mehl in eine Rührschüssel sieben. Zucker, Vanillin-Zucker und Butter oder Margarine hinzufügen. Die Zutaten mit Handrührgerät mit Rührbesen zu Streuseln von gewünschter Größe verarbeiten. Teigstreusel auf der Quark-Sahne-Masse verteilen. Die Form auf dem Rost in den Backofen schieben und den Kuchen fertig backen.

Ober-/Unterhitze: etwa 180 °C (vorgeheizt)
Heißluft: etwa 160 °C (nicht vorgeheizt)
Gas: Stufe 2–3 (nicht vorgeheizt)
Backzeit: 70–80 Minuten.

**8.** Den gebackenen Kuchen noch etwa 15 Minuten im ausgeschalteten Backofen mit geöffneter Backofentür stehen lassen. Dann die Form herausnehmen und auf einen Kuchenrost stellen. Kuchen erkalten lassen und aus der Form lösen.

# Butter- oder Zuckerkuchen
# Gefüllter Bienenstich

## Zutaten:

Für den Hefeteig:

| | |
|---|---|
| 500 g | Weizenmehl |
| 30 g | frische Hefe |
| 100 g | Zucker |
| 250 ml (1/4 l) | lauwarme Milch |
| 1 | Ei (Größe M) |
| | abgeriebene Schale von 1/2 Zitrone (unbehandelt, ungewachst) |
| 1 Prise | geriebene Muskatnuss |
| 100 g | zerlassene abgekühlte Butter oder Margarine |

Für den Belag:

| | |
|---|---|
| 100 g | zerlassene abgekühlte Butter |
| 100 g | Zucker |
| 1 Pck. | Vanillin-Zucker |
| etwas | gemahlener Zimt |
| 100 g | abgezogene, gehobelte Mandeln |
| 125 ml (1/8 l) | saure Sahne |

Zubereitungszeit: 25 Minuten, ohne Teiggeh- und Abkühlzeit

**1.** Für den Teig Mehl in eine Rührschüssel sieben. In die Mitte eine Vertiefung drücken. Hefe hineinbröckeln, etwas Zucker und etwas Milch hinzufügen. Mit einer Gabel vorsichtig verrühren und etwa 10 Minuten gehen lassen.

**2.** Ei, Zitronenschale, Muskat, restlichen Zucker, restliche Milch und Butter oder Margarine hinzufügen. Die Zutaten mit Handrührgerät mit Knethaken zunächst kurz auf niedrigster, dann auf höchster Stufe in etwa 5 Minuten zu einem Teig verarbeiten. Den Teig zugedeckt so lange an einem warmen Ort stehen lassen, bis er sich sichtbar vergrößert hat.

**3.** Den Teig leicht mit Mehl bestäuben, aus der Schüssel nehmen, auf einer bemehlten Arbeitsfläche nochmals kurz durchkneten und auf einem Backblech (30 x 40 cm, gefettet) ausrollen. Den Teig nochmals zugedeckt so lange an einem warmen Ort gehen lassen, bis er sich sichtbar vergrößert hat. Teig mehrmals mit einer Gabel einstechen.

**4.** Für den Belag den Teig mit Butter bestreichen. Zucker mit Vanillin-Zucker, Zimt und Mandeln mischen, gleichmäßig auf den Teig streuen. Saure Sahne darauf verteilen. Das Backblech in den Backofen schieben.

Ober-/Unterhitze: 180–200 °C (vorgeheizt)
Heißluft: 160–180 °C (vorgeheizt)
Gas: etwa Stufe 3 (vorgeheizt)
Backzeit: etwa 30 Minuten.

**5.** Das Backblech auf einen Kuchenrost stellen. Den Kuchen erkalten lassen.

## Zutaten:

Für den Belag:

| | |
|---|---|
| 50–75 g | Butter |
| 100 g | Zucker |
| 1 Pck. | Vanillin-Zucker |
| 1 EL | Milch |
| 100 g | abgezogene, gehobelte Mandeln |

Für den Quark-Öl-Teig:

| | |
|---|---|
| 200 g | Weizenmehl |

**1.** Für den Belag Butter in einem Topf zerlassen. Zucker und Vanillin-Zucker darin schmelzen, Milch hinzugeben. Mandeln unterrühren. Masse kalt stellen (sollte sie zu fest sein, noch etwas Milch hinzugeben).

**2.** Für den Teig Mehl mit Backpulver mischen, in eine Rührschüssel sieben. Quark, Speiseöl, Zucker und Vanillin-Zucker hinzufügen. Die Zutaten mit Handrührgerät mit Knethaken auf höchster Stufe in etwa 1 Minute zu einem Teig verarbeiten (nicht zu lange, Teig klebt sonst).

**3.** Anschließend auf einer bemehlten Arbeitsfläche zu einer Rolle formen. Teigrolle auf dem Boden einer Springform (Ø 28 cm, gefettet) ausrollen,

*(Fortsetzung Seite 27)*

# Zitronen-Sahne-Rolle

(Fortsetzung von Seite 25)

| | |
|---|---|
| 4 gestr. TL | Backpulver |
| 100 g | Magerquark |
| 4 EL | Speiseöl |
| 50 g | Zucker |
| 1 Pck. | Vanillin-Zucker |

Für die Füllung:

| | |
|---|---|
| 1 Pck. | Tortencreme-Pulver Vanille-Geschmack |
| 300 ml | Milch |
| 100 g | Butter |

Zubereitungszeit: 50 Minuten, ohne Abkühlzeit

einen Springformrand darumstellen. Mandelmasse auf dem Teig verteilen. Die Form auf dem Rost in den Backofen schieben.

Ober-/Unterhitze:
etwa 180 °C (vorgeheizt)
Heißluft: etwa 160 °C (vorgeheizt)
Gas: Stufe 2–3 (vorgeheizt)
Backzeit: etwa 20 Minuten.

4. Den Gebäckboden etwa 10 Minuten in der Form stehen lassen, dann aus der Form lösen und auf einem Kuchenrost erkalten lassen. Gebäckboden einmal waagerecht durchschneiden.

5. Für die Füllung Tortencreme-Pulver mit Milch und Butter nach Packungsanleitung zubereiten. Die Creme auf den unteren Gebäckboden geben und glatt streichen. Den oberen Gebäckboden (Mandelboden) darauf legen und leicht andrücken.

## Zutaten:

Für den Biskuitteig:

| | |
|---|---|
| 4 | Eier (Größe M) |
| 3–4 EL | heißes Wasser |
| 125 g | Zucker |
| 1 Pck. | Vanillin-Zucker |
| 75 g | Weizenmehl |
| 50 g | Speisestärke |
| 1 Msp. | Backpulver |

Für die Füllung:

| | |
|---|---|
| 2 gestr. TL | weiße Gelatine, gemahlen |
| 2 EL | kaltes Wasser |
| | Schale von etwa 1/2 Zitrone (unbehandelt, ungewachst) |
| 3 Stück | Würfelzucker |
| 5 EL | Zitronensaft |
| 500 ml (1/2 l) | Schlagsahne |
| 100 g | gesiebter Puderzucker |

Zubereitungszeit: 50 Minuten, ohne Abkühl- und Quellzeit

1. Für den Teig aus den angegebenen Zutaten wie auf Seite 33 beschrieben einen Biskuitteig bis zu Punkt 3 zubereiten und backen.

2. Für die Füllung Gelatine mit Wasser in einem kleinen Topf anrühren und 10 Minuten quellen lassen. Die Schale der Zitrone mit dem Würfelzucker abreiben, zur Gelatine geben und unter Rühren erwärmen (nicht kochen), bis sie völlig gelöst ist, leicht abkühlen lassen. Zitronensaft unterrühren.

3. Sahne fast steif schlagen, Gelatinelösung nach und nach unter ständigem Schlagen hinzufügen. Sahne vollkommen steif schlagen. Puderzucker unterrühren.

4. Biskuitrolle vorsichtig auseinander rollen, zwei Drittel der Zitronensahne darauf streichen, mit Hilfe des Geschirrtuches oder Backpapiers aufrollen, dabei die äußere braune Haut entfernen. Die Biskuitrolle zunächst dünn mit etwas von der restlichen Zitronensahne, dann mit der restlichen Zitronensahne bestreichen.

5. Die Zitronen-Sahne-Rolle durch wellenförmige Längsstriche mit Hilfe einer Gabel verzieren.

# Kaffeestreifen

## Zutaten:

Für den Quark-Öl-Teig:

| | |
|---|---|
| 300 g | Weizenmehl |
| 1 Pck. | Backpulver |
| 150 g | Speisequark (Magerstufe) |
| 6 EL | Milch |
| 6 EL | Speiseöl |
| 75 g | Zucker |
| 1 Pck. | Vanillin-Zucker |
| 1 Prise | Salz |

Zum Bestreichen:

| | |
|---|---|
| 100 g | weiche Butter |

Für den Belag:

| | |
|---|---|
| 200 g | Marzipan-Rohmasse |
| 100 g | Haselnusskerne |
| 75 g | Zitronat (Sukkade) |
| 250 g | Rosinen |
| 1 gut geh. EL | Zucker |
| 1 Pck. | Vanillin-Zucker |
| 1 Fläschchen | Rum-Aroma |
| 1 Msp. | gemahlener Zimt |
| | |
| etwas | Milch zum Bestreichen |

Zum Aprikotieren:

| | |
|---|---|
| 3 EL | Aprikosenkonfitüre |
| 1 EL | Wasser |
| 40 g | abgezogene, gehobelte Mandeln |

Zubereitungszeit: 50 Minuten, ohne Abkühlzeit

## Tipp:

Kaffeestreifen lassen sich sehr gut einfrieren. Nach dem Auftauen bei Ober-/Unterhitze etwa 180 °C 10 Minuten aufbacken.

1. Für den Teig Mehl mit Backpulver mischen, in eine Rührschüssel sieben. Quark, Milch, Speiseöl, Zucker, Vanillin-Zucker und Salz hinzufügen. Die Zutaten mit Handrührgerät mit Knethaken auf höchster Stufe in etwa 1 Minute zu einem Teig verarbeiten (nicht zu lange, Teig klebt sonst).

2. Anschließend auf einer bemehlten Arbeitsfläche zu einer Rolle formen, diese zu einem Rechteck (etwa 60 x 30 cm) ausrollen. Die Hälfte der Butter darauf streichen.

3. Marzipan-Rohmasse gut durchkneten und halbieren. Jede Marzipanhälfte zu einem Quadrat (etwa 29 x 29 cm) ausrollen und nebeneinander auf das Teigrechteck legen, restliche Butter darauf streichen.

4. Haselnusskerne hacken, Zitronat in kleine Würfel schneiden. Rosinen mit Haselnusskernen, Zitronat, Zucker, Vanillin-Zucker, Aroma und Zimt mischen, auf den beiden Marzipanplatten verteilen und in der Mitte so durchschneiden, dass 2 Quadrate (etwa 30 x 30 cm) entstehen. Die Teigquadrate jeweils aufrollen und dicht nebeneinander auf ein Backblech (gefettet) legen.

5. Teigrollen der Länge nach (etwa 25 cm) mit einem scharfen Messer etwa 2 cm tief einschneiden und mit Milch bestreichen. Das Backblech in den Backofen schieben.

Ober-/Unterhitze:
180–200 °C (vorgeheizt)
Heißluft: 160–180 °C (vorgeheizt)
Gas: etwa 3 (vorgeheizt)
Backzeit: etwa 30 Minuten.

6. Das Backblech auf einen Kuchenrost stellen. Zum Aprikotieren Konfitüre mit Wasser in einem kleinen Topf unter Rühren aufkochen. Die Kaffeestreifen sofort damit bestreichen. Mandeln darauf streuen. Kaffeestreifen vom Backblech lösen und auf einem Kuchenrost erkalten lassen.

# Plunderkranz

## Zutaten:

Für den Plunderteig:

| | |
|---|---|
| 375 g | Weizenmehl |
| 1 Pck. | Trockenbackhefe |
| 50 g | Zucker |
| 1 Pck. | Vanillin-Zucker |
| 1 Prise | Salz |
| 1 | Ei (Größe M) |
| 50 g | in Stücke geschnittene Butter |
| 200 ml | kalte Milch |
| | |
| 150 g | kalte, in Scheiben geschnittene Butter |

Für die Füllung:

| | |
|---|---|
| 200 g | Marzipan-Rohmasse |
| 50 g | weiche Butter |
| 1 EL | Rum |
| 175 g | Rosinen |
| 50 g | abgezogene, gehackte Mandeln |
| | |
| 1 EL | Aprikosenkonfitüre |
| 1 EL | Wasser |

Für den Guss:

| | |
|---|---|
| 50 g | gesiebter Puderzucker |
| 1–2 EL | Rum |
| | |
| | abgezogene, gehobelte Mandeln |

Zubereitungszeit: 2 Stunden, ohne Ruhe- und Kühlzeit

**1.** Für den Teig Mehl in eine Rührschüssel sieben, mit Trockenbackhefe sorgfältig vermischen. Übrige Zutaten hinzufügen und mit Handrührgerät mit Knethaken auf höchster Stufe in etwa 5 Minuten zu einem Teig verarbeiten.

**2.** Den Teig 5 Minuten bei Zimmertemperatur ruhen lassen. Anschließend auf einer bemehlten Arbeitsfläche zu einem Rechteck (25 x 40 cm) ausrollen.

**3.** Die Hälfte der Teigplatte (25 x 20 cm) mit Butterscheiben belegen, die andere Teighälfte darüber klappen, mit der Teigrolle leicht andrücken. Das Teigpaket mit der breiten Seite zur Tischkante legen, wieder zu einem Rechteck (25 x 40 cm) ausrollen, von den kürzeren Seiten her zur Mitte hin so zusammenklappen, dass die Teigkanten aneinander stoßen. Den Teig nochmals von der längeren Seite her so überschlagen, dass 4 Teiglagen entstehen, etwa 15 Minuten kalt stellen.

**4.** Das Teigpaket mit der breiten Seite zur Tischkante legen, ausrollen und wie zuvor beschrieben zusammenschlagen, 15 Minuten kalt stellen.

**5.** Für die Füllung Marzipan klein schneiden, mit Butter in einer Rührschüssel mit Handrührgerät mit Rührbesen geschmeidig rühren. Rum unterrühren.

**6.** Den Teig auf der bemehlten Arbeitsfläche zu einem Rechteck (50 x 40 cm) ausrollen, Marzipanmasse darauf verteilen. Rosinen mit Mandeln mischen, darauf streuen.

**7.** Die Teigplatte der Länge nach durchschneiden, beide Teighälften von der längeren Seite her aufrollen, umeinander schlingen und als Kranz auf ein Backblech (gefettet) legen. Den Teig 15 Minuten bei Zimmertemperatur ruhen lassen. Das Backblech in den Backofen schieben.

Ober-/Unterhitze:
180–200 °C (vorgeheizt)
Heißluft: 160–180 °C
(nicht vorgeheizt)
Gas: etwa Stufe 3 (nicht vorgeheizt)
Backzeit: 35–40 Minuten.

**8.** Das Backblech auf einen Kuchenrost stellen. Konfitüre durch ein Sieb streichen, mit Wasser unter Rühren kurz aufkochen lassen, den Plunderkranz sofort damit bestreichen und etwas abkühlen lassen.

**9.** Für den Guss Puderzucker mit Rum zu einer dünnflüssigen Masse verrühren. Den Plunderkranz mit dem Guss überziehen und mit Mandeln bestreuen. Plunderkranz erkalten lassen.

# Bismarckeiche

## Zutaten:

Für den Biskuitteig:

| | |
|---|---|
| 4 | Eier (Größe M) |
| 3–4 EL | heißes Wasser |
| 125 g | Zucker |
| 1 Pck. | Vanillin-Zucker |
| 75 g | Weizenmehl |
| 50 g | Speisestärke |
| 1 Msp. | Backpulver |

Für die Füllung:

| | |
|---|---|
| 1 Pck. | Pudding-Pulver Schokoladen-Geschmack |
| 75–100 g | Zucker |
| 500 ml (1/2 l) | Milch |
| 200 g | weiche Butter |

Zubereitungszeit: 45 Minuten, ohne Abkühlzeit

**1.** Für den Teig Eier und Wasser mit Handrührgerät mit Rührbesen auf höchster Stufe in 1 Minute schaumig schlagen. Zucker und Vanillin-Zucker mischen, in 1 Minute einstreuen, dann noch etwa 2 Minuten schlagen.

**2.** Mehl mit Speisestärke und Backpulver mischen, die Hälfte davon auf die Eiercreme sieben, kurz auf niedrigster Stufe unterrühren. Restliches Mehlgemisch auf die gleiche Weise unterarbeiten. Den Teig auf ein Backblech (30 x 40 cm, gefettet, mit Backpapier belegt) geben und glatt streichen. Das Backpapier an der offenen Seite des Backblechs zur Falte knicken, so dass ein Rand entsteht. Das Backblech in den Backofen schieben.

Ober-/Unterhitze:
etwa 200 °C (vorgeheizt)
Heißluft: etwa 180 °C (vorgeheizt)
Gas: Stufe 3–4 (vorgeheizt)
Backzeit: 10–15 Minuten.

**3.** Die Biskuitplatte sofort auf mit Zucker bestreutes Backpapier stürzen, mitgebackenes Backpapier mit kaltem Wasser bestreichen, vorsichtig, aber schnell abziehen. Biskuitplatte mit dem Backpapier aufrollen, erkalten lassen.

**4.** Für die Füllung aus Pudding-Pulver, Zucker und Milch nach Packungsanleitung einen Pudding zubereiten, in eine Schüssel geben und erkalten lassen, dabei ab und zu umrühren.

**5.** Butter geschmeidig rühren, den Pudding esslöffelweise unterrühren (darauf achten, dass Pudding und Butter Zimmertemperatur haben, da die Creme sonst gerinnt). Die Biskuitrolle vorsichtig auseinander rollen, mit zwei Drittel der Buttercreme bestreichen und mit Hilfe des Geschirrtuches oder Backpapiers wieder aufrollen, dabei die äußere braune Haut entfernen. Die Biskuitrolle mit der restlichen Buttercreme bestreichen.

**6.** Die Bismarkeiche durch wellenförmige Längsstriche mit Hilfe einer Gabel verzieren.

# Eisenbahnschienen/
# Nuss- oder Kokosecken

## Zutaten:

| | |
|---|---|
| 250 g | Weizenmehl |
| 3 gestr. TL | Backpulver |
| 75 g | Zucker |
| 1 Pck. | Vanillin-Zucker |
| 1 | Ei (Größe M) |
| 125 g | Butter oder Margarine |

Für die Füllung:

| | |
|---|---|
| 300 g | Marzipan-Rohmasse |
| 70 g | gesiebter Puderzucker |
| 50 ml | Milch |
| etwas | Rosenwasser |
| | |
| 2 EL | Himbeerkonfitüre |

Zubereitungszeit: 70 Minuten

**1.** Für den Teig Mehl mit Backpulver mischen und in eine Rührschüssel sieben. Übrige Zutaten hinzufügen, mit Handrührgerät mit Knethaken zunächst kurz auf niedrigster, dann auf höchster Stufe gut durcharbeiten.

**2.** Anschließend auf einer bemehlten Arbeitsfläche zu einem glatten Teig verkneten. Sollte er kleben, ihn in Folie gewickelt eine Zeit lang kalt stellen. Den Teig auf einem Backblech (30 x 40 cm, gefettet) ausrollen.

**3.** Für die Füllung Marzipan-Rohmasse klein schneiden und in eine Schüssel geben. Puderzucker, Milch und Rosenwasser hinzufügen. Die Zutaten mit Handrührgerät mit Rührbesen zu einer zähflüssigen Masse verrühren. Marzipanmasse in einen Spritzbeutel mit Sterntülle geben und Längsstreifen auf den Knetteigboden spritzen.

**4.** Konfitüre glatt rühren, die nicht bespritzten Teigstreifen damit ausfüllen. Das Backblech in den Backofen schieben.

Ober-/Unterhitze:
etwa 180 °C (vorgeheizt)
Heißluft: etwa 160 °C (vorgeheizt)
Gas: Stufe 2–3 (vorgeheizt)
Backzeit: etwa 30 Minuten.

**5.** Das Backblech auf einen Kuchenrost stellen. Das Gebäck erkalten lassen und in Schnitten schneiden.

## Zutaten:

Für den Knetteig:

| | |
|---|---|
| 225 g | Weizenmehl |
| 1 gestr. TL | Backpulver |
| 100 g | Zucker |
| 1 Pck. | Vanillin-Zucker |
| 1 | Ei (Größe M) |
| 1 | Eigelb (Größe M) |
| 100 g | Butter oder Margarine |
| | |
| 3 EL | Aprikosenkonfitüre zum Bestreichen |

**1.** Für den Teig Mehl mit Backpulver mischen und in eine Rührschüssel sieben. Übrige Zutaten hinzufügen, mit Handrührgerät mit Knethaken zunächst kurz auf niedrigster, dann auf höchster Stufe gut durcharbeiten.

**2.** Anschließend auf einer bemehlten Arbeitsfläche zu einem glatten Teig verkneten. Sollte er kleben, ihn in Folie gewickelt eine Zeit lang kalt stellen.

**3.** Den Teig auf einem Backblech (30 x 40 cm, gefettet) ausrollen und mit Konfitüre bestreichen.

**4.** Für den Belag Butter mit Zucker, Vanillin-Zucker und Wasser in einem Topf unter Rühren zerlassen. Gemahlene und gehobelte Haselnusskerne oder Kokosraspel unterrühren. Die Masse etwas abkühlen lassen und auf dem Teig verteilen.
Vor den Teig einen mehrfach geknickten Streifen Alufolie legen, so dass ein Rand entsteht. Das Backblech in den Backofen schieben.

*(Fortsetzung Seite 37)*

# Mandarinenomeletts

(Fortsetzung von Seite 35)

Für den Belag:

| | |
|---|---|
| 150 g | Butter |
| 150 g | Zucker |
| 2 Pck. | Vanillin-Zucker |
| 3 EL | Wasser |
| | |
| 100 g | gemahlene Haselnusskerne |
| 200 g | gehobelte Haselnusskerne |
| oder 200 g | Kokosraspel |

Für den Guss:

| | |
|---|---|
| 200 g | Zartbitterschokolade |

Zubereitungszeit. 30 Minuten, ohne Abkühlzeit

Ober-/Unterhitze:
etwa 180 °C (vorgeheizt)
Heißluft: etwa 160 °C (vorgeheizt)
Gas: Stufe 2–3 (vorgeheizt)
Backzeit: etwa 25 Minuten.

**5.** Das Backblech auf einen Kuchenrost stellen. Das Gebäck erkalten lassen, in Quadrate (etwa 4 x 4 cm) schneiden und diese diagonal teilen, so dass Dreiecke entstehen.

**6.** Für den Guss Schokolade in Stücke brechen, in einem kleinen Topf im Wasserbad bei schwacher Hitze unter Rühren schmelzen. Die beiden spitzen Ecken des Gebäcks in den Guss tauchen und auf Backpapier legen. Schokolade fest werden lassen.

## Zutaten:

Für den Biskuitteig:

| | |
|---|---|
| 2 | Eier (Größe M) |
| 60 g | Zucker |
| 1 Pck. | Vanillin-Zucker |
| 50 g | Weizenmehl |
| 50 g | Speisestärke |
| 100 g | zerlassene abgekühlte Butter |
| | |
| etwas | Puderzucker zum Bestäuben |

Für die Füllung:

| | |
|---|---|
| etwa 300 g | Mandarinenspalten (aus der Dose) |
| 1/2 | Zitrone (unbehandelt, ungewachst) |
| 1 Stück | Würfelzucker |
| 2 EL | Zitronensaft |
| | Mandarinensaft aus der Dose |
| 375 ml (3/8 l) | Schlagsahne |

## Zum Vorbereiten:

30 cm breite Alufolie so falzen, dass 7 mal ein 15 cm langes Stück aufeinander liegt, zwei Kreise von jeweils Ø 15 cm nebeneinander aufzeichnen, ausschneiden, so dass 14 runde Folienblätter entstehen, diese über den Boden einer Konservendose (Ø etwa 10 cm) legen, so dass Förmchen mit etwa 2 cm hohem Rand entstehen.

**1.** Für den Teig Eier mit Handrührgerät mit Rührbesen auf höchster Stufe in 1 Minute schaumig schlagen. Zucker und Vanillin-Zucker mischen, in 1 Minute einstreuen, dann noch etwa 2 Minuten schlagen.

**2.** Mehl mit Speisestärke mischen, auf die Eiercreme sieben, kurz auf niedrigster Stufe unterrühren. Butter vorsichtig auf niedrigster Stufe unterrühren. Teig in den vorbereiteten, gut gefetteten Förmchen verteilen.

**3.** Die Förmchen auf ein Backblech setzen. Das Backblech in den Backofen schieben.

Ober-/Unterhitze:
200–220 °C (vorgeheizt)
Heißluft: 180–200 °C (vorgeheizt)
Gas: etwa Stufe 4 (vorgeheizt)
Backzeit: 8–12 Minuten.

**4.** Die Omeletts sofort aus den Förmchen lösen und zur Hälfte leicht überschlagen (am besten über einen Rührlöffel), Omeletts erkalten lassen und leicht mit Puderzucker bestäuben.

(Fortsetzung Seite 39)

# apfeltaschen

(Fortsetzung von Seite 37)

| | |
|---|---|
| 2 schwach geh. TL | Zucker |
| 2 Pck. | Sahnesteif |

Zubereitungszeit. 70 Minuten, ohne Abkühlzeit

**5.** Für die Füllung Mandarinen in einem Sieb gut abtropfen lassen, den Saft dabei auffangen. Zitrone waschen, abtrocknen und halbieren. Die Schale mit einem Zuckerstück abreiben, Zitronenhälfte auspressen. Zitronenschale und -saft zum Mandarinensaft geben, Zuckerstück hinzufügen und unter Rühren darin auflösen.

**6.** Sahne in eine Rührschüssel geben, den Mandarinen-Zitronensaft hinzufügen und mit Handrührgerät mit Rührbesen etwa 1/2 Minuten schlagen. Zucker mit Sahnesteif mischen, unter ständigem Schlagen einstreuen. Sahne steif schlagen, in einen Spritzbeutel mit Sterntülle geben und in die Omeletts spritzen. Mit den beiseite gelegten Mandarinenspalten garnieren.

## Zutaten:

Für die Füllung:

| | |
|---|---|
| 750 g | Äpfel |
| 50 g | Rosinen |
| 50–70 g | Zucker |
| 3–4 Tropfen | Zitronen-Aroma |

Für den Quark-Öl-Teig:

| | |
|---|---|
| 300 g | Weizenmehl |
| 1 Pck. | Backpulver |
| 150 g | Speisequark (Magerstufe) |
| 6 EL | Milch |
| 6 EL | Speiseöl |
| 75 g | Zucker |
| 1 Pck. | Vanillin-Zucker |
| 1 Prise | Salz |
| etwas | Milch zum Bestreichen |

Für den Guss:

| | |
|---|---|
| 100 g | gesiebter Puderzucker |
| 1–2 EL | heißes Wasser |

Zubereitungszeit: 70 Minuten, ohne Abkühlzeit

**1.** Für die Füllung Äpfel schälen, vierteln, entkernen, in kleine Stücke schneiden und in einen Topf geben. Rosinen und Zucker hinzufügen. Die Zutaten unter Rühren leicht dünsten. Apfelmasse erkalten lassen und mit Zitronen-Aroma abschmecken.

**2.** Für den Teig Mehl mit Backpulver mischen, in eine Rührschüssel sieben. Quark, Milch, Speiseöl, Zucker, Vanillin-Zucker und Salz hinzufügen. Die Zutaten mit Handrührgerät mit Knethaken auf höchster Stufe in etwa 1 Minute zu einem Teig verarbeiten (nicht zu lange, Teig klebt sonst).

**3.** Anschließend auf einer bemehlten Arbeitsfläche zu einer Rolle formen und dünn ausrollen. Runde Platten (Ø etwa 10 cm) daraus ausstechen. Die eine Hälfte jeder Teigplatte mit etwas Apfelmasse belegen. Den Rand jeder Teigplatte mit Milch bestreichen, die andere Hälfte darüber klappen. Die Teigtaschen gut an den Rändern andrücken und auf ein Backblech (gefettet, mit Backpapier belegt) legen.

**4.** Das Backblech in den Backofen schieben.

Ober-/Unterhitze:
etwa 180 °C (vorgeheizt)
Heißluft: etwa 160 °C (vorgeheizt)
Gas: Stufe 2–3 (vorgeheizt)
Backzeit: 15–20 Minuten.

**5.** Die Apfeltaschen mit dem Backpapier vom Backblech auf einen Kuchenrost ziehen.

**6.** Für den Guss Puderzucker mit Wasser zu einer dickflüssigen Masse verrühren. Die heißen Apfeltaschen damit bestreichen. Apfeltaschen erkalten lassen.

# Amerikaner / Berliner

## Zutaten:

Für den Rührteig

| | |
|---|---|
| 100 g | Butter oder Margarine |
| 100 g | Zucker |
| 1 Pck. | Vanillin-Zucker |
| 1 Prise | Salz |
| 2 | Eier (Größe M) |
| 250 g | Weizenmehl |
| 3 gestr. TL | Backpulver |
| 1 Pck. | Pudding-Pulver Vanille-Geschmack |
| 3 EL | Milch |

Für den hellen Guss:

| | |
|---|---|
| 100 g | gesiebter Puderzucker |
| 1 EL | heißes Wasser |

Für den dunklen Guss:

| | |
|---|---|
| 100 g | gesiebter Puderzucker |
| 15 g | gesiebtes Kakaopulver |
| 2 EL | heißes Wasser |

Zubereitungszeit: 60 Minuten, ohne Abkühlzeit

**1.** Für den Teig Butter oder Margarine mit Handrührgerät mit Rührbesen auf höchster Stufe geschmeidig rühren. Nach und nach Zucker, Vanillin-Zucker und Salz unterrühren. So lange rühren, bis eine gebundene Masse entstanden ist. Eier nach und nach unterrühren (jedes Ei etwa 1/2 Minute). Mehl mit Backpulver und Pudding-Pulver mischen, sieben und in 2 Portionen mit der Milch auf mittlerer Stufe unterrühren.

**2.** Von dem Teig mit 2 Esslöffeln nicht zu große Teighäufchen nebeneinander (nicht zu dicht) auf Backbleche (gefettet, mit Backpapier belegt) geben und mit einem feuchten Messer etwas nachformen. Die Backbleche nacheinander (bei Heißluft zusammen) in den Backofen schieben.

Ober-/Unterhitze: etwa 180 °C (vorgeheizt)
Heißluft: etwa 160 °C (vorgeheizt)
Gas: Stufe 2–3 (vorgeheizt)
Backzeit: etwa 20 Minuten je Backblech.

**3.** Die Amerikaner mit dem Backpapier von den Backblechen auf Kuchenroste ziehen. Amerikaner erkalten lassen.

**4.** Für den hellen Guss Puderzucker mit Wasser zu einem dickflüssigen Guss verrühren. Die Amerikaner auf der Unterseite zur Hälfte mit dem Guss bestreichen.

**5.** Für den dunklen Guss Puderzucker mit Kakao mischen, mit Wasser zu einem dickflüssigen Guss verrühren. Die zweite Hälfte der Amerikaner damit bestreichen. Guss trocknen lassen.

## Zutaten:

| | |
|---|---|
| 500 g | Weizenmehl |
| 1 Pck. | Trockenbackhefe |
| 30 g | Zucker |
| 1 Pck. | Vanillin-Zucker |
| 3 Tropfen | Bittermandel-Aroma |
| 2 | Eier (Größe M) |
| 1 | Eigelb (Größe M) |
| 100 g | zerlassene abgekühlte Butter oder Margarine |
| 125 ml (1/8 l) | lauwarme Milch |

**1.** Für den Teig Mehl in eine Rührschüssel sieben, mit Trockenbackhefe sorgfältig vermischen. Übrige Zutaten hinzufügen.

**2.** Die Zutaten mit Handrührgerät mit Knethaken kurz auf niedrigster, dann auf höchster Stufe in etwa 5 Minuten zu einem Teig verarbeiten. Den Teig zugedeckt so lange an einem warmen Ort stehen lassen, bis er sich sichtbar vergrößert hat.

**3.** Den Teig leicht mit Mehl bestäuben, aus der Schüssel nehmen, auf einer bemehlten Arbeitsfläche nochmals kurz durchkneten und etwa 1/2 cm dick ausrollen.

*(Fortsetzung Seite 43)*

# Ochsenaugen

(Fortsetzung von Seite 41)

| | |
|---|---|
| 1 | Eiweiß zum Bestreichen |
| 300 g | Konfitüre nach Belieben |

Zum Ausbacken:

| | |
|---|---|
| | Ausbackfett (Speiseöl oder Kokosfett) |
| | Zucker zum Wälzen |

Zubereitungszeit: 60 Minuten, ohne Teiggehzeit

4. Aus dem Teig mit einer runden Form Teigplatten (Ø etwa 7 cm) ausstechen. Die Hälfte der Teigplatten am Rand dünn mit verschlagenem Eiweiß bestreichen. In die Mitte jeweils etwas Konfitüre geben, restliche Teigplatten darauf legen, Teigränder gut andrücken. Zugedeckt so lange gehen lassen, bis der Teig sich sichtbar vergrößert hat.

5. Ausbackfett in einem Topf erhitzen. Die Teigstücke portionsweise in das siedende Ausbackfett geben und von beiden Seiten goldbraun backen.

6. Berliner mit einem Schaumlöffel herausnehmen, auf Küchenpapier abtropfen lassen und in Zucker wälzen, erkalten lassen.

## Zutaten:

Für den Knetteig:

| | |
|---|---|
| 250 g | Weizenmehl |
| 1 gestr. TL | Backpulver |
| 75 g | Zucker |
| 1 Pck. | Vanillin-Zucker |
| 2 | Eigelb (Größe M) |
| 175 g | Butter oder Margarine |

Für den Belag:

| | |
|---|---|
| 400 g | Marzipan-Rohmasse |
| 4 | Eiweiß (Größe M) |
| | rote und gelbe Konfitüre |
| | Kondensmilch |
| | abgezogene, gehobelte Mandeln nach Belieben |
| | Zimt |
| | Zucker |

Zubereitungszeit: 90 Minuten

1. Für den Teig Mehl mit Backpulver mischen, in eine Rührschüssel sieben. Übrige Zutaten hinzufügen, mit Handrührgerät mit Knethaken zunächst kurz auf niedrigster, dann auf höchster Stufe gut durcharbeiten.

2. Anschließend auf einer bemehlten Arbeitsfläche zu einem glatten Teig verkneten. Sollte er kleben, ihn in Folie gewickelt eine Zeit lang kalt stellen.

3. Den Teig auf der bemehlten Arbeitsfläche nicht zu dünn ausrollen. Mit einer runden Form (Ø etwa 8 cm) Teigplätzchen ausstechen und auf 2 Backbleche (mit Backpapier belegt) legen.

4. Für den Belag Marzipan in Stücke schneiden und in eine Rührschüssel geben, Eiweiß hinzufügen und mit Handrührgerät mit Rührbesen zu einer geschmeidigen Masse verrühren. Die Marzipanmasse in einen Spritzbeutel mit Sterntülle geben und einen Kranz auf die Teigplätzchen spritzen. Die Mitte jeweils mit roter oder gelber Konfitüre ausfüllen.

5. Teigränder mit Kondensmilch bestreichen und nach Belieben mit Mandeln bestreuen. Zuletzt Zucker und Zimt darauf streuen. Die Backbleche nacheinander (bei Heißluft zusammen) in den Backofen schieben.

Ober-/Unterhitze:
180–200 °C (vorgeheizt)
Heißluft: 160–180 °C (vorgeheizt)
Gas: etwa Stufe 3 (vorgeheizt)
Backzeit: 12–20 Minuten.

6. Die Plätzchen vom Backblech lösen und auf einem Kuchenrost erkalten lassen.

# igelfamilie

## Zutaten:

| | |
|---|---|
| 125 g | Butter oder Margarine |
| 75 g | Zucker |
| 1 Pck. | Vanillin-Zucker |
| 1 Prise | Salz |
| 3 | Eier (Größe M) |
| 75 g | Weizenmehl |
| 50 g | Speisestärke |
| 2 gestr. TL | Backpulver |
| 15 g | Kakaopulver |
| 75 g | gemahlene Haselnusskerne (mit Haut) |
| 100 g | geriebene Zartbitter-schokolade |

Für den Guss:

| | |
|---|---|
| 125–150 g | Zartbitterschokolade |
| 30 g | Kokosfett |
| | Korinthen |
| 50 g | abgezogene, gestiftelte Mandeln |

Zubereitungszeit: 60 Minuten, ohne Abkühlzeit

## Tipp:

Ausdrucksvoller werden die Augen und die Nase, wenn Sie zusätzlich ein Marzipanplättchen unter die Korinthen legen.

**1.** Für den Teig Butter oder Margarine mit Handrührgerät mit Rührbesen auf höchster Stufe geschmeidig rühren. Nach und nach Zucker, Vanillin-Zucker und Salz unterrühren. So lange rühren, bis eine gebundene Masse entstanden ist.

**2.** Eier nach und nach unterrühren (jedes Ei etwa 1/2 Minute). Mehl mit Speisestärke, Backpulver und Kakao mischen, sieben und in 2 Portionen kurz auf mittlerer Stufe unterrühren. Haselnusskerne und Schokolade unterheben.

**3.** Den Teig in eine große und 5–6 kleine Igel-Backformen (gefettet) geben und glatt streichen. Die Formen auf dem Rost in den Backofen schieben.

Ober-/Unterhitze:
160–180 °C (vorgeheizt)
Heißluft: 140–160 °C (vorgeheizt)
Gas: etwa Stufe 2 (vorgeheizt)
Backzeit:
Großer Igel etwa 60 Minuten.
Kleine Igel etwa 30 Minuten.

**4.** Die Igel vorsichtig aus den Formen lösen und auf einen mit Backpapier belegten Kuchenrost stürzen. Igel-Familie erkalten lassen.

**5.** Für den Guss Schokolade in Stücke brechen, mit Kokosfett in einem kleinen Topf im Wasserbad schmelzen. Die Igel-Familie damit bestreichen. Korinthen als Augen und Schnauze in die Schokolade drücken. Die Körper der Igel-Familie dicht nebeneinander mit einem Holzstäbchen einstechen. Jeweils einen Mandelstift in die Einstiche stecken. Guss fest werden lassen.

# Gefüllte Schuhsohlen

## Zutaten:

Für den Teig:

| | |
|---|---|
| 1 Pck. (450 g) | TK-Blätterteig |

Für die Füllung:

| | |
|---|---|
| 250 ml (1/4 l) | Schlagsahne |
| 1 Pck. | Vanillin-Zucker |
| 1 Pck. | Sahnesteif |
| etwas | Kirschwasser |

Zubereitungszeit: 40 Minuten, ohne Auftau- und Abkühlzeit

## Tipp:

In die Mitte jedes Teilchens 1 Esslöffel angedickte Sauerkirschen geben.

**1.** Blätterteigplatten nebeneinander nach Packungsanleitung auftauen. Platten aufeinander legen und auf einer leicht bemehlten Arbeitsfläche dünn ausrollen. Mit einer runden Form (Ø etwa 6 cm) Teigplatten ausstechen. Die Teigplatten jeweils auf einer mit Zucker bestreuten Arbeitsfläche so ausrollen, dass Ovale entstehen.

**2.** Teigovale auf ein Backblech (mit Backpapier belegt) legen. Das Backblech in den Backofen schieben.

Ober-/Unterhitze:
200–220 °C (vorgeheizt)
Heißluft: 180–200 °C (vorgeheizt)
Gas: etwa Stufe 4 (vorgeheizt)
Backzeit: 10–15 Minuten.

**3.** Das Gebäck (Schuhsohlen) mit dem Backpapier vom Backblech auf einen Kuchenrost ziehen, Gebäck erkalten lassen.

**4.** Für die Füllung Sahne mit Vanillin-Zucker und Sahnesteif steif schlagen. Sahne mit Kirschwasser abschmecken und in einen Spritzbeutel mit Sterntülle geben.

**5.** Die Hälfte des Gebäcks (Schuhsohlen) auf der Unterseite mit der Sahne bespritzen, die restlichen Gebäckstücke (Schuhsohlen) darauf legen und leicht andrücken.

# SchweineÖhrchen

## Zutaten:

| | |
|---|---|
| 1 Pck. (300 g) | TK-Blätterteig |
| 25 g | Butter |
| 50 g | Zucker |
| 1 Pck. | Vanillin-Zucker |
| etwas | Zucker zum Bestreuen |

Zubereitungszeit: 25 Minuten, ohne Auftau- und Kühlzeit

## Tipp:

Schweineöhrchen können in gut schließenden Dosen 2–3 Wochen aufbewahrt werden.

**1.** Blätterteig nebeneinander bei Zimmertemperatur auftauen lassen. Butter zerlassen und etwas abkühlen lassen. Die Blätterteigplatten aufeinander legen und auf einer leicht bemehlten Arbeitsfläche zu einem Rechteck (etwa 55 x 22 cm) ausrollen. Die Teigplatte mit der Butter bestreichen.

**2.** Zucker und Vanillin-Zucker mischen. Die Teigplatte gleichmäßig sdamit bestreuen.

**3.** Von den beiden Längsseiten aus die Teigplatte zur Mitte hin aufrollen, so dass die Kanten aneinander stoßen und fest zusammendrücken.

**4.** Den Teig so lange kalt stellen, bis er schnittfest geworden ist. Knapp 1 cm dicke Scheiben davon abschneiden und mit Abstand auf ein Backblech (mit Backpapier belegt) legen. Das Backblech in den Backofen schieben.

Ober-/Unterhitze:
180–200 °C (vorgeheizt)
Heißluft: 160–180 °C (vorgeheizt)
Gas: etwa 3 (vorgeheizt)
Backzeit: 15–20 Minuten.

**5.** Die Schweineöhrchen mit dem Backpapier vom Backblech auf einen Kuchenrost ziehen. Schweineöhrchen sofort mit Zucker bestreuen und erkalten lassen.

# Kulleraugen

## Zutaten:

| | |
|---|---|
| 250 g | Weizenmehl |
| 1 gestr. TL | Backpulver |
| 100 g | Zucker |
| 1 Pck. | Vanillin-Zucker |
| 1 Prise | Salz |
| 3 | Eigelb (Größe M) |
| 150 g | Butter oder Margarine |
| | |
| 2 | Eiweiß |
| 50 g | abgezogene, gehackte Mandeln |
| | |
| | rotes Gelee, z. B. Johannisbeergelee |

Zubereitungszeit: 50 Minuten, ohne Abkühlzeit

## Tipp:

Als Gelee eignet sich am besten Johannis- oder Himbeergelee. Sie können die Kulleraugen auch mit gelber Konfitüre, die vorher durch ein Sieb gestrichen wurde, füllen.

**1.** Für den Teig Mehl mit Backpulver mischen, in eine Rührschüssel sieben. Zucker, Vanillin-Zucker, Salz, Eigelb und Butter oder Margarine hinzufügen. Die Zutaten mit Handrührgerät mit Knethaken zunächst kurz auf niedrigster, dann auf höchster Stufe gut durcharbeiten. Anschließend auf einer bemehlten Arbeitsfläche zu einem glatten Teig verkneten.

**2.** Aus dem Teig auf der bemehlten Arbeitsfläche 7 Rollen (etwa 40 cm lang) formen, diese in je 2 cm breite Stücke schneiden und daraus walnussgroße Kugeln formen.

**3.** Eiweiß verschlagen. Jede Kugel zuerst auf einer Seite in das Eiweiß tauchen, dann in die Mandeln drücken. Die Kugeln mit der Teigseite nach unten auf ein Backblech (mit Backpapier belegt) legen und mit einem Rührlöffelstiel oben in jede Kugel eine Vertiefung drücken. In jede Vertiefung etwas Gelee füllen. Das Backblech in den Backofen schieben.

Ober-/Unterhitze:
etwa 180 °C (vorgeheizt)
Heißluft: etwa 160 °C (vorgeheizt)
Gas: Stufe 2–3 (vorgeheizt)
Backzeit: etwa 15 Minuten.

**4.** Die Kulleraugen mit dem Backpapier vom Backblech auf einen Kuchenrost ziehen. Kulleraugen erkalten lassen.

# Wespennester

## Zutaten:

Für die Eiweißmasse:

| | |
|---|---|
| 125 g | Schokolade |
| 3 | Eiweiß (Größe M) |
| 250 g | Zucker |
| 1 Pck. | Vanillin-Zucker |
| 250 g | abgezogene,gehackte Mandeln |

Zubereitungszeit: 25 Minuten, ohne Abkühlzeit

## Tipp:

Schneller geht es, wenn Sie statt der selbst geriebenen Schokolade 1 Päckchen Raspelschokolade verwenden.
Schokolade lässt sich besser reiben, wenn sie vorher kalt gelegt wurde.

1. Für die Eiweißmasse Schokolade auf einer Küchenreibe fein reiben. Eiweiß mit Handrührgerät mit Rührbesen auf höchster Stufe steif schlagen. Der Schnee muss so fest sein, dass ein Messerschnitt sichtbar bleibt. Nach und nach Zucker und Vanillin-Zucker kurz unterschlagen.

2. Schokolade und Mandeln vorsichtig unterheben. Von der Masse mit 2 Teelöffeln Häufchen abstechen und auf ein Backblech (mit Backpapier belegt) setzen. Das Backblech in den Backofen schieben.

Ober-/Unterhitze:
etwa 140 °C (vorgeheizt)
Heißluft: etwa 120 °C (vorgeheizt)
Gas: etwa Stufe 1 (vorgeheizt)
Backzeit: etwa 25 Minuten.

3. Die Wespennester mit dem Backpapier vom Backblech auf einen Kuchenrost ziehen. Wespennester erkalten lassen.

# Schwarz-Weiß-Gebäck

## Zutaten:

Für den Knetteig:

| | |
|---|---|
| 250 g | Weizenmehl |
| 1 gestr. TL | Backpulver |
| 150 g | Zucker |
| 1 Pck. | Vanillin-Zucker |
| 1 Prise | Salz |
| 1 Fläschchen | Rum-Aroma |
| 1 | Ei (Größe M) |
| 125 g | Butter oder Margarine |

Für den dunklen Teig:

| | |
|---|---|
| 15 g | gesiebtes Kakaopulver |
| 15 g | Zucker |
| 1 EL | Milch |

Zum Bestreichen:

| | |
|---|---|
| 1 | Eiweiß |

Zubereitungszeit: 60 Minuten, ohne Kühlzeit

**1.** Für den Teig Mehl mit Backpulver mischen, in eine Rührschüssel sieben. Übrige Zutaten hinzufügen, mit Handrührgerät mit Knethaken zunächst kurz auf niedrigster, dann auf höchster Stufe gut durcharbeiten.

**2.** Anschließend auf einer bemehlten Arbeitsfläche zu einem glatten Teig verkneten. Sollte er kleben, ihn in Folie gewickelt eine Zeit lang kalt stellen. Den Teig halbieren.

**3.** Für den dunklen Teig Kakao mit Zucker mischen und Milch unterrühren. Die Kakaomischung unter eine Teighälfte kneten.

**4.** Der Teig kann beliebig entweder zu einem Schneckenmuster oder Schachbrettmuster oder zu Talern verarbeitet werden.

**Schneckenmuster:** Den hellen und dunklen Teig jeweils zu einem gleichmäßig großen Rechteck (etwa 30 x 15 cm) ausrollen, ein Rechteck dünn mit verschlagenem Eiweiß bestreichen, das zweite Rechteck darauf legen und ebenfalls bestreichen. Anschließend von der längeren Seite her fest aufrollen.

**Schachbrettmuster:** Man benötigt 2 x 5 je 1 cm breite Teigstreifen von dem dunklen Teig und 2 x 4 je 1 cm breite Teigstreifen vom hellen Teig sowie 2 x eine „Teigdecke“. Dafür die beiden Teighälften getrennt etwa 1 cm dick ausrollen. Von dem hellen Teig 10 und von dem dunklen Teig 8 je 1 cm breite und 15 cm lange Streifen schneiden. Die Teigstreifen mit Eiweiß bestreichen und im Schachbrettmuster zu 2 Teigblöcken zusammensetzen. Die übrig gebliebenen hellen und dunklen Teigreste zusammen verkneten und dünn zu 2 Rechtecken (etwa 15 x 13 cm) ausrollen. Die entstandenen Blöcke in die Teigschichten einwickeln.

**Taler:** Aus dem dunklen Teig eine 3 cm dicke Rolle formen. Den hellen Teig etwa 1/2 cm dick ausrollen, mit Eiweiß bestreichen und die dunkle Rolle darin einwickeln.

**5.** Teigrollen oder –blöcke eine Zeit lang kalt stellen, damit sie sich besser schneiden lassen. Anschließend in knapp 1/2 cm dicke Scheiben schneiden und auf Backbleche (mit Backpapier belegt) legen. Die Backbleche nacheinander (bei Heißluft zusammen) in den Backofen schieben.

Ober-/Unterhitze:
etwa 180 °C (vorgeheizt)
Heißluft: etwa 160 °C (vorgeheizt)
Gas: Stufe 2–3 (vorgeheizt)
Backzeit: etwa 12 Minuten
je Backblech.

**6.** Das Gebäck mit dem Backpapier von den Backblechen auf Kuchenroste ziehen. Gebäck erkalten lassen.

# Mandelhörnchen

## Zutaten:

Für den Teig:

| | |
|---|---|
| 200 g | Marzipan-Rohmasse |
| 2 | Eiweiß (Größe M) |
| 100 g | Zucker |
| 1 Pck. | Vanillin-Zucker |
| 50 g | gesiebtes Weizenmehl |

Zum Bestreuen:

| | |
|---|---|
| 50 g | abgezogene, gehobelte Mandeln |

Zum Bestreichen:

| | |
|---|---|
| 100 g | dunkle Kuchenglasur |

Zubereitungszeit: 55 Minuten, ohne Abkühlzeit

**1.** Für den Teig Marzipan-Rohmasse in kleine Stücke schneiden und mit dem Eiweiß mit Handrührgerät mit Rührbesen geschmeidig rühren. Nach und nach Zucker, Vanillin-Zucker und Mehl unterrühren. So lange rühren, bis eine gebundene Masse entstanden ist.

**2.** Die Marzipanmasse in einen Spritzbeutel mit glatter Tülle füllen und Hörnchen auf ein Backblech (gefettet, gemehlt) spritzen. Teighörnchen mit Mandeln bestreuen. Das Backblech in den Backofen schieben.

Ober-/Unterhitze:
etwa 180 °C (vorgeheizt)
Heißluft: etwa 160 °C (vorgeheizt)
Gas: Stufe 2–3 (vorgeheizt)
Backzeit: 10–15 Minuten.

**3.** Die Mandelhörnchen vom Backblech lösen und auf einem mit Backpapier belegten Kuchenrost erkalten lassen.

**4.** Zum Bestreichen Kuchenglasur nach Packungsanleitung schmelzen. Die Enden der Mandelhörnchen damit bestreichen. Glasur trocknen lassen.

# Haferflockenplätzchen / Sahneplätzchen

## Zutaten:

Zum Vorbereiten:

| | |
|---|---|
| 75 g | Butter oder Margarine |
| 125 g | kernige Haferflocken |
| 75 g | Zucker |

Für den Teig:

| | |
|---|---|
| 1 | Ei (Größe M) |
| 3–5 | Tropfen Bittermandel-Aroma |
| 50 g | gesiebtes Weizenmehl |
| 1 gestr. TL | Backpulver |

Zubereitungszeit: 50 Minuten, ohne Kühlzeit

**1.** Zum Vorbereiten Butter oder Margarine in einer Pfanne zerlassen. Haferflocken hinzugeben und unter Rühren leicht bräunen lassen. Einen Esslöffel vom Zucker unterrühren und kurz mitbräunen lassen. Haferflockenmasse in eine flache Schüssel geben und kalt stellen.

**2.** Für den Teig Ei mit Handrührgerät mit Rührbesen auf höchster Stufe in 1 Minute schaumig schlagen. Restlichen Zucker in 1 Minute einstreuen, dann noch etwa 2 Minuten schlagen. Aroma hinzufügen.

**3.** Mehl mit Backpulver mischen, auf die Eiercreme sieben und kurz auf niedrigster Stufe unterrühren. Haferflockenmasse unterheben.

**4.** Den Teig mit 2 Teelöffeln in Häufchen auf ein Backblech (gefettet) setzen, dabei genügend Abstand zwischen den Teighäufchen lassen. Das Backblech in den Backofen schieben.

Ober-/Unterhitze:
180–200 °C (vorgeheizt)
Heißluft: 160–180 °C (vorgeheizt)
Gas: etwa Stufe 3 (vorgeheizt)
Backzeit: 12–15 Minuten.

**5.** Die Plätzchen vom Backblech lösen und auf einem mit Backpapier belegten Kuchenrost erkalten lassen.

## Zutaten:

Für den Knetteig:

| | |
|---|---|
| 250 g | Weizenmehl |
| 1 Msp. | Backpulver |
| 100 g | Zucker |
| 1 Pck. | Vanillin-Zucker |
| 1 | Eigelb (Größe M) |
| 175 g | Butter oder Margarine |

Zum Bestreichen:

| | |
|---|---|
| 1 | Eiweiß |
| 1 TL | Wasser |

Hagelzucker zum Bestreuen

**1.** Für den Teig Mehl mit Backpulver mischen, in eine Rührschüssel sieben. Zucker, Vanillin-Zucker, Eigelb und Butter oder Margarine hinzufügen. Die Zutaten mit Handrührgerät mit Knethaken zunächst kurz auf niedrigster, dann auf höchster Stufe gut durcharbeiten.

**2.** Anschließend auf einer bemehlten Arbeitsfläche zu einem glatten Teig verkneten. Sollte er kleben, ihn in Folie gewickelt eine Zeit lang kalt stellen.

**3.** Den Teig auf der bemehlten Arbeitsfläche etwa 3 mm dick ausrollen und mit einer runden Form Plätzchen (Ø etwa 6 cm) ausstechen. Teigplätzchen auf ein Backblech (gefettet, mit Backpapier belegt) legen.

**4.** Eiweiß mit Wasser verschlagen, die Hälfte der Teigplätzchen damit bestreichen und mit Hagelzucker bestreuen. Das Backblech in den Backofen schieben.

*(Fortsetzung Seite 61)*

# Rumkugeln

*(Fortsetzung von Seite 59)*

Für die Füllung:

| | |
|---|---|
| 200–250 ml | Schlagsahne |
| 1 Pck. | Sahnesteif |
| etwa 1 EL | Zucker |
| | Sauerkirschkompott (mit etwas Speisestärke angedickt) |

Zubereitungszeit: 60 Minuten, ohne Kühlzeit

Ober-/Unterhitze:
etwa 180 °C (vorgeheizt)
Heißluft: etwa 160 °C (vorgeheizt)
Gas: Stufe 2–3 (vorgeheizt)
Backzeit: etwa 12 Minuten.

**5.** Die Plätzchen mit dem Backpapier vom Backblech auf einen Kuchenrost ziehen. Plätzchen erkalten lassen.

**6.** Für die Füllung Sahne mit Sahnesteif und Zucker steif schlagen. Sahne in einen Spritzbeutel mit Sterntülle füllen. Den Rand der nicht mit Hagelzucker bestreuten Plätzchen mit der Sahne bespritzen. Die Mitte der Plätzchen mit Kompott füllen. Jeweils ein Hagelzuckerplätzchen darauf legen.

## Zutaten:

| | |
|---|---|
| etwa 500 g | Biskuitbodenreste |
| 75 ml | brauner Rum |
| 75 ml | weißer Rum |
| 100 g | Kokosfett |
| 65 g | Puderzucker |
| 20 g | Kakaopulver |
| 1 Pck. | Vanillin-Zucker |
| 1 Pck. | Finesse Jamaica-Rum-Aroma |
| etwa 75 g | Schokoladenstreusel |

Zubereitungszeit: 50 Minuten, ohne Kühlzeit

**1.** Biskuitbodenreste fein zerbröseln und in eine Rührschüssel geben. Beide Rumsorten hinzugießen und gut vermischen.

**2.** Kokosfett zerlassen und abkühlen lassen. Puderzucker mit Kakao mischen und in eine Rührschüssel sieben. Vanillin-Zucker und Aroma hinzufügen.

**3.** Kokosfett und Puderzucker-Kakao-Mischung zu den Biskuitbröseln geben und gut vermengen, etwas fest werden lassen.

**4.** Aus der Masse mit angefeuchteten Händen etwa 15 Kugeln formen und in Schokoladenstreuseln wälzen. Rumkugeln kalt stellen und fest werden lassen.

# Themenregister

## Kuchen



## Torten



## Blechkuchen



## Kleingebäck



## Kekse

# Register

**Umwelthinweis** Dieses Buch und der Einband wurden auf chlorfrei gebleichtem Papier gedruckt. Die Einschrumpffolie – zum Schutz vor Verschmutzung – ist aus umweltfreundlichem und recyclingfähigem PE-Material.

Wenn Sie Anregungen, Vorschläge oder Fragen zu unseren Büchern haben, rufen Sie uns unter folgender Nummer an 0521 155-25 80 oder 52 06 50 oder schreiben Sie uns: Dr. Oetker Verlag KG, Am Bach 11, 33602 Bielefeld oder besuchen Sie uns im Internet unter www.oetker.de.



**Redaktion** Carola Reich, Annette Riesenberg

**Titelfoto** Thomas Diercks, Hamburg
**Innenfotos** Uli Hartmann, Bielefeld

**Rezeptentwicklung und -beratung** Mechthild Plogmaker, Dr. Oetker Versuchsküche, Bielefeld

**Grafisches Konzept** kontur:design, Bielefeld
**Gestaltung** kontur:design, Bielefeld
**Titelgestaltung** kontur:design, Bielefeld

**Reproduktionen** Repro Ludwig, Zell am See, Österreich
**Satz** JUNFERMANN Druck & Service, Paderborn
**Druck und Bindung** Appl Druck GmbH & Co.KG, Wemding



ISBN 3–7670–0970-6